MI FONDO, MI FORMA

MI FONDO, MI FORMA

Jesús A. Abreu Luis

Micromeria

Directora de arte: Marina Zambrana

Jesús A. Abreu Luis
Mi fondo, mi forma

Primera edición en Ediciones Idea: 2025
© De la edición: Ediciones Idea, 2025
© Del texto: Jesús A. Abreu Luis

Ediciones Idea
San Clemente, 24, Edificio El Pilar
38002 Santa Cruz de Tenerife.
Tel.: 922 532150
Fax: 922 286062

Este libro fue seleccionado en la I Convocatoria del Meeting
Literario | Encuentro de Nuevos Autores con Editores 2024 y
ha sido editado gracias a la colaboración de la Consejería
Insular del Área de Cultura, Museos y Deportes del
Excelentísimo Cabildo Insular de Tenerife y la Escuela Literaria

León y Castillo, 39 - 4º B
35003 Las Palmas de Gran Canaria.
Tel.: 928 373637 - 928 381827
Fax: 928 382196
correo@edicionesidea.com
www.edicionesidea.com

Fotomecánica e impresión: Gráficas Tenerife, S.A.
Impreso en España - Printed in Spain
ISBN: 978-84-10272-92-7
Depósito legal: TF 431-2025

Primera zona: ello

VERTEDERO

Hasta en un vertedero habitan
los colores de la subsistencia en pequeños atajos
los movimientos de la vida en babas o articulaciones
[crustáceas
el hedor de la vida terminable ciclable reciclable
una masa mutante que se disgrega
y se agrega y se disgrega en moléculas en átomos
en partículas subatómicas
junto al infinito de un eterno retornar
en viceversa paradoja de dual estado
siendo y no siendo a la vez en incertidumbre
donde la vida y la muerte se relativizan
creando una cambiante realidad en probabilidad
donde el vertedero es forma y parte
de un universo de interacciones cuánticas
por el que solo sobrevolamos
en el efecto de éste en nuestros sentidos
dándole existencia en un común
en forma de huella de un devenir
del trato del entorno.

PALABRA MUNDO

Podemos escribir el mundo describirlo reescribirlo
convencer vencer en la lógica del mensaje
o en el caos de la irreverencia perdernos
somos palabra descrita
en caracteres en vocablos
somos la carne del verbo
somos consecuencias relatadas
contadas pensadas
por nosotros por los otros
somos cazadores de bisontes
y mamuts sofisticados en diferencia
de símbolos de pared de cueva o de piedra tallada
o de cuña en barro o de signos en vegetal
o de orejas oyentes desde bocas narradoras
nada es sin palabra que lo haga ser
la nada es una palabra que llena el vacío
y el todo lo pienso en palabra
lo guardo como palabra

lo suelto como palabra.

LA HERIDA

Brilla cuando se hincha de pus.
Esta discontinuidad en mi piel está
casi cerrada por siete puntos.
Late como si tuviera vida propia,
como si un pequeño corazón estuviera
en cada uno de los puntos.
Huele mal. Yo la llamo "serpiente cola negra".
Hay veces que supura
un líquido seroso y transparente.
Al estar en la rodilla se estira y encoge
a cada paso que doy,
enviando una serie de hilos punzantes
hasta el muslo.
Hay días que sus bordes se resecan e intentan
separarse, dejando a la vista una profunda brecha
de color naranja nacarado.
Ya forma parte de mi identidad,
mis amigos me preguntan por ella.
Espero que me deje una cicatriz tan hermosa
como ella o si me mata de una sepsis
haga posible un cadáver curioso.

TRAGEDIA

Pasión. Muerte. Resurrección.
Actores de madera, con muchas tablas.
Actores de carne con falsos oropeles
y máscaras espirituales.
Sangre. Oscuridad. Luz.
Guion escrito mil veces
para un público de rojos ojos,
en rayas y rímel corrido.
Morado. Negro. Azul
Corto paso del Paso, a ritmo militar,
escoltados por capirotes
que aguijonean el aire,
en escenarios con palio,
cuasi dinámicos
pero aferrados al suelo, en un baile
de dioses sufrientes, de visibles
cirios de alfa a omega,
de puñales clavados en ardientes
corazones ceñidos con espinas
e inertes flores de atrezo y ramas de olivo.

Y las flechas disparadas de gargantas de balcón,
y las lágrimas de ruego a la madera vestida.

Y en la cruz, el pan y el vino.

MUNDO INFINITO

Puerta de puertas
de puertas de vidas,
de puertas de aventuras,
de puertas de tristezas,
de puertas de alegrías,
de puertas de denuncias,
de puertas de destinos,
de magias infinitas,
de infinitos pensamientos
de enseñanzas infinitas
de infinita verdad,
de infinita mentira,

hasta cerrar el libro.

DATOS

Desnaturalización en los actos
que son humo que viven un ya
en las mentes exasperadas
en fantasmagorías   de un futuro
presente   que les dicte el ser
estar   como   y cuando
bajo el imperativo
de la cáscara   hedonista
que cubre un vacío   elegido
reemplazando creatividad
con guiones   escritos
en busca de una identidad
de rebaño   con el error
de una aceptación   de pertenencia
en roles de redes   dictados
tatuados en la materia gris
creyendo ser únicos
en una viceversa   paradoja
en huellas repisadas
cuyo valor fue   y que ahora
con el mínimo gasto de energía

quieren ser sacralizados
en efímeros *likes*   en una infinita
base de datos.

DEPRESIÓN

Silencio roto en silente grito.
Mirada en pérdida, en dilatada pupila,
en huida de la luz y de lo claro.
Se encuentra todo el cuerpo
bajo el inestable refugio de las mantas,
en una soledad mal acompañada,
con fogonazos bajo el esternón,
segundos acelerados de adrenalina
que rompen, periódicos, el falso confort.
Vuelta a la horrenda normalidad
de emanación del dolor en forma de gotas
¿de dónde saldrán tantas lágrimas?
Nada tiene sentido, yo no tengo sentido,
Nada sirve, nada vale,
no hay un mañana nuevo,
los mañanas son calcos del hoy.
Me agobia la cama, pero tengo miedo.
¿Cuándo fue? ¿cómo fue? ¿solo fue?
Sigo ahí, tengo la vida
machacada en un mortero.

Ten paciencia y esperanza, todo pasa,
me digo de vez en cuando,
cuando puedo
e intento creérmelo, porque debo.

CONCLUYENTE

La muerte no es un paso   no,
no es un quimérico túnel   no,
no es otro principio   no.
La muerte es un determinante
en un axioma a término,
una nada que hace absurda una vida
sin fecha de caducidad.
          Solo es
cuando deja víctimas
entre los vivos,
y la suma de esos pocos
es el total de la muerte
en plañideros yo más,
en asaltos lacrimales,
en abrumadores abrazos,
en modelos neuronales,
en querer estar en el lugar,
en temer estarlo.

ASÁLTAME

Existe un lugar que es poesía
en un ático sin paredes sin techo sin suelo
levita con bajos y altos
siempre al límite   al borde
pero siempre sumidero   drenaje
de lo claro   de lo oscuro
de lo vivido o no vivido   de lo de entre
donde llegar a ella es el deseo en voluntad
de acudir por su escalera de incendios
y mirar hacia abajo con la mirada
de un dios sin cielo   de un neonato
buscando una permeable   membrana
de palabra   transpirable
de sentidos y sinsentidos   en osmótica
desnudez del yo del otro y este yo
en un truco de magia sin mangas
ni dobles fondos   con luz y sombras
donde tropezar   borrar y volver
a desterrarse de sí mismo   sin pasado
sin presente   siempre es hoy

asáltame poesía en la compañía de la soledad
     en las salas de espera en un
            [taxi
     en el váter en las cálidas tardes
     en la intranscendencia en el
           [desamor
     en las jornadas de domingo
en el dolor del indigente o del oprimido
     en los días sin ti.

QUE ENTRE EL BOSQUE

Que entre las brujas busqué
entre opacas penumbras
entre huellas y siluetas y huellas
entre luces frías el cabrón iluminado
macho esbelto con barba estrecha
mirada vertical
trepa por los terrenos
escarpados de los cuerpos
volátiles levitantes sobre el mundo material
absortas ellas por las causas
del beleño negro la mandrágora la bella dona
en ritos de aquelarres en seres libres
contonean contorsionan   provocan y
quiebran los resortes de la rutina
y danzan   danzan   danzan
desnudas y descalzas
conectando su ser con la tierra
con la luna   con el viento
en un todo que es polvo de estrellas
que eleva sus pies   y así
cuando el tiempo ya no cuenta
se anuncia el sol   que es el fin.

AMOR

Sé que escribir el amor fuera de él
es recurrencia de otros hechos.
Es un querer dejar huella,
en la arena,
cuando sube la marea.
Es salir por la puerta y no proyectar sombra.
Es la exposición desenfocada,
que en torpes piruetas,
patea tintas de tópicos.
Es parir por cesárea.
Es contar lo no sentido,
en mecánica estructura.
Es el instante pirotécnico hecho humo.

Sé que escribir el amor desde él
es singularidad,
al querer pasar lo caduco a perenne.
Es regalar coherentes caos
desde lo sentido.
Es hacer la palabra materia
y que habite en los otros.

Es codificar siendo comprendido,
lo esculpido,
a golpes de teclado.
Es apostar por el vuelo
del dardo hacia la diana

Sé que al amar
se sostiene química tormenta,
que dilata las pupilas
en euforia de latidos.
Se intima con la pasión
de comprometer un pacto,
 en caída libre,
desde el inconsciente.
Se aprende a saborear
lo inexplicable. Se desnuda el deseo
en dóndes y cuándos
sin cómos ni porqués. Sin techo ni suelo,
en sutil ingravidez.
Se encuentra la cartera
del olvido al comprar
pasajes a utopía.

Se emborrachan albas y crepúsculos,
en unificadoras paradojas
de los sentidos,
al buscar en otra carne
la capacidad de amar.
Se encuentra dulce el agrio sufrir
de esperar en ausencias.
Se invoca a magias y dioses,
desde un anillo de fuego.
Se vuelve al horóscopo del diario,
antes de mirar las esquelas,
mientras se pierden las llaves
en una barra de bar.

PAZ

No te quiero como
defensa de contienda.
Te quiero como deseo
cumplido del deseo
afable del sentir comunión,
sin cínicos objetivos,
sin sacrificios estériles
de valores supra humanos.
Te quiero en una tierra, mar y aire,
donde tierra, mar y aire,
solo sean tierra mar y aire.
Te quiero sin cicatrices,
te quiero quebrantando
el grito de sangre,
te quiero con plana mirada
perdida en un horizonte
frecuente en el tiempo.

Segunda zona: tú

FRONTERA

Con el límite como norma eliminas el carácter
                              [trágico
del trance de paso que sobrepase lo enfrentado en
                              [hostilidad
de lo múltiple a lo singular deslizándote por el borde
de la afilada hoja liminar con los pies descalzos
sin padecer discontinuidad en la integridad de la piel
hasta el romo desgaste del cansancio
logrando la separación de los bordes de los límites
en un dipolo magnético que une y separa
en conjuntiva y disyuntiva paradoja en comunión
del ensanche de lo que para otros es
frontera para ti lugar de tránsito
por el que cuando lo cruzas no te moja la lluvia
y sabes que estando ahí el tiempo se contrae
en un azar caprichoso donde la vida cuesta
lo que vale el poder del poseedor pero
la cantidad de los intensos es tal que
te enganchas adicto a los todo más
que vives en la continua pasión del riesgo.

SUR

Encuéntrame al sur.
Con los del sur.
Con los que cantan y bailan
con los que la percusión
los hace vibrar por dentro
y por fuera. Con los que saludan
dando dos besos, con
los que derrochan color.
Con los movidos por la pasión,
con los que adoran a los muertos,
con los que beben ron.
Donde el canto es llanto a la vez
que alegría.
Donde el pan se comparte.
Donde se mata y se muere
por una nada, que en un momento
es un todo en el filo de un puñal.
Encuéntrame en el extrarradio
en fotos de blanco y negro
o de color de cumpleaños.

Encuéntrame en una iglesia
repleta de ateos tradicionales,
entre el cordero y el macho cabrío.
Encuéntrame entre la pasión y el fuego.

Jesús A. Abreu Luis

¿CUÁNTO HAY PARA SER PERDIDO?

Todo.
Nada se libera de esta condición
indispensable
al hecho de existir, solo por ser o
creer que se es,
ya puede no estar,
ya puede figurar en el universo
donde flotan Elvis,
Michael Jackson,
mi abuelo, millones de
cortaúñas y de llaves...
y las ideas, y los pensamientos,
y las doctrinas que generan
la sustancia en la que flotan.
¿Cuánto hay para ser perdido?
Nada,
el todo se puede perder
y quedar en nada.
El sol y la luna
se pierden cada día
cada noche.

El soldado pierde el norte de sus
razones para serlo. Y un día te das cuenta
de que se te ha perdido
la razón del ser,
y has encontrado por qué ser,
y que quizás así sea mejor.

PARTIDA

De nuevo me sabe agria tu huida,
ese paréntesis físico periódico, aleatorio
que me deja vacuo, desubicado.
Me toca estar en el lado oscuro de tu bipolaridad.
Pienso y pienso la manera imposible
de una despedida indolora, incolora e insípida,
que no fluya por mi cara, por mi pecho.
¿Me besarás o te irás sin más? Sin medida.
De nuevo llenas presurosa la maleta roja,
no el *trolley* negro o el bolso grande verde, no,
la maleta roja de nuevo,
como identidad definitiva a tu partida,
de tantas partidas,
como identidad de mujer libre,
de tantas mujeres libres que has sido.
La maleta da al que huye condición
de viajero de larga travesía en espacio-tiempo
y tú ahora crees haber encontrado la equis
en el plano del tesoro. Solo hay que ir a por él.
Pienso y no quiero pensar en la reiteración
diabólica del momento pausa de ti hacia mí

y pienso la manera feliz
de tu regreso, ¿serás igual?
¿me besaras, te besaré? Sin medida.

EXISTENCIAL

El silencio visual de tu presencia
antes diáfana ahora opaca,
casi carente de significación
logra que tu estar ahí no transmita nada
de lo que otrora fuera preñez de carisma, que
fluía de ti en un halo etéreo.
En el simple acto de aparecer ocupabas,
en espacio, el hueco nómada
de tu pertenencia, que
todos pretendíamos, aún a sabiendas
en lo intransferible que solo tú podías ocupar
y ahora ya con tu traje nuevo de emperador,
en lo que tú espuriamente supones tu zenit,
al que te alzó la famélica máscara, que
confiados en ceguera, queríamos creer.
Te apoltronas e invisibilizas,
dejando que todo emane sin previo cauce,
tomando la desacertada decisión
de que otros hagan, mientras tú saboreas
los frutos de tu asalto a la confianza.

DONDE EL OLVIDO HABITE

Búscame donde habita el olvido.
En una utopía de tontos,
buenos sin más,
desnudos de barba y largo pelo.
Donde no hace falta la verdad.
Donde llueve de noche.
Donde el león fuma hierba.
Donde todos son 0 negativo.
Donde no eres tú ni yo es él.
Donde es obligado pecar o morir de tedio.
Donde se cumple el "cuidado con lo que desees".
Donde se ubica una selva.
Donde se engendra de fe.
Ni tú ni yo es él.
Donde hay néctar y ambrosía.
Donde los virus alimentan.
Donde las bacterias adelgazan.
Donde nada hace falta.
Donde nada llega.

Donde el olvido habite.

Tercera zona: él-ella

CUESTIÓN DE PESO

El resumen de su desnudez ósea y cárnica
está dentro de un bote cilíndrico, azul oscuro,
un bote que es cómo un termo para comida.
Por una casualidad el cilindro azul oscuro está
dentro de una bolsa de papel con el logotipo
de una tienda que vende y sirve cafés
"La Cafeína" donde Isabel, su gran ex-amor
trabajaba de dependienta. Ella aún le recuerda.
Tenemos la urna en una estantería de herramientas,
sin altares, sin vírgenes, sin santos, solo está
por qué su madre quiere que esté,
yo la habría botado, regada en cerveza.
El altar, de haberlo, sería el armario de su cuarto,
en su interior está el exterior de él,
lo que él quería mostrar al resto y
lo que en su niñez nosotros
queríamos mostrar de él.
Es un altar al que no acudimos a rezar ni a llorar,
acudimos a verlo. Y después
cerramos bien las puertas
no queremos que se despierte.

Cuando el representante del seguro
de decesos, un tipo asépticamente enlutado,
me entregó sus cenizas pensé
¡qué ligeras! ¿este es el extracto de 38 años?

CUANTOS

Cuantos pasados
pasan por sus ojos
cuando mira el cielo entre estrellas.
Cuantas vidas de vida,
cuantas vidas de muerte
han alumbrado
esos cuantos de fotones
de haces de luz,
desde unos cuantos
perpetuos de estrellas.
　　　　　¿Dónde estarán Adán y Eva?
En qué falsa quimera
astrológica y reiterativa
(Ella virgo, Él tauro)
posarán de forma flotable,
una y otra vez
en infinitos pecados
en incontables expulsiones.
Y sus ojos se han anclado
mirando el abajo,

buscando la sombra
etérea, sombra
albina que generan
las almas sueltas
del cuerpo, en este
universo.

EXISTÍAN SUS MANOS

Se fue, se marchó, así lo decidió
cuando miró al horizonte y vio que las luces
siempre, ni antes ni después, seguían ahí.
Que la carne quieta y tristemente impoluta,
dulce, se abría intentando huir,
retenida por los duros huesos a los que
no llaga nunca el amor.
Que la piel alada detectora de las cargas
de otra piel, de otras pieles
deseaban encontrar la sinrazón
del sentido común de sus manos.
Se fue dejando el calor que salva,
de forma artificial, lo estático ante el renacer.
Se fue sin pensarlo poco,
recuperó la vista y la mirada ahora
con el brillo de lo nuevo pulido,
no tenía que salvar nada más
que así misma y recobrar
el sonido que sus pasos dejan

en sus huellas singulares y los
excéntricos vuelos de sus manos,
pluralizando cuando,
cuanto y donde se crea capaz.

MI PADRE (TUERTO POR EL BOXEO)

Él era el pirata escondido de la venganza de otros
[piratas,
pues conocía el secreto del tesoro maldito,
y yo lo sabía de niño.
Con el tiempo se me antojó transformarle,
de pirata a Polifemo, yo el Ulises víctima de su
[encierro,
del que escapaba, a diario, con mi piel de cordero
[adolescente,
hacia mi tribu, olvidando sus consejos y
avergonzándome de él.
Mi madurez, sus silencios,
las charlas repletas de vinos y vidas,
forjaron la amistad negada al ver su semimirada
[limpia
y conocer el ser humano oculto en la piel del padre.
Le asigné, la que fue para mí, su verdadera
[identidad:
Antihéroe de cine negro, boxeador mal herido
que el hambre dejó tuerto, a golpes literalmente,

peleando desde niño huérfano de padre, por unas
[monedas,
en gimnasios improvisados con apuestas de
[cambullón,
de patriarcas de galerías de agua, de militares
[ociosos
y de opacos seres con diente de oro, fino bigote,
[coche y querida.
Bebedor de triunfos y derrotas, de juergas de burdel,
finalizadas con tangos de Gardel.
A su vejez, me confesó que perder no importa,
que la derrota es la lección más preciada,
y curte la blanda piel.

MADRE

Mi madre no cabe en la caja
de fósforos donde guardo
mis tesoros, de hecho no me cabe
en el hueco de mi pecho
          se rebosa
y yo lo quiero abarcar y mis manos
no lo atrapan y desbordado
llena todo el espacio
con su olor a mandarina
y llena el espacio
con su mirada de ciencia-ficción
y llena el espacio
con sus palabras dulces y maestras
y llena el espacio
con sus abrazos que curan
y llena el espacio
con su piel de luna llena.

Siempre llena el espacio.

PLOMO

Desgastada como el desgaste
de un gimnasio en febrero,
así el nombre de él la envolvía
como una piel en íntima relación.
Ella posó todo
su desinterés en sus ojos,
en sus manos, en su respiración,
en sus incomprensibles palabras
fuertes como la quimio y
con el mismo misterio, capaz
de parar las copias posibles del mal.
Pero él no supo o no quiso verlo
y ante la pérdida de su pódium,
de su vedetismo, comenzó
a sentir el plomo en su espalda,
el plomo en su pensamiento, el plomo
en el hueco de su corazón y el
plomo escachó todo,
lo palpable que ella aportó y
lo etéreo que él poseía.

Ella sabía amar, hasta cuando
su cráneo identificaba su estado;
él solo quería lucir el ser amado.
Así él se fue hacia otra vida,
ya ella no llenaba un hueco que
lo elevara como se eleva el humo,
ahora ella lo necesitaba y él no quería.
Y ella se hundió con el peso del plomo
de su amor.

Cuarta zona: yo

OTRO DÍA

suena el despertador   lo ignoro
es tarde
café humo café humo café humo
ella   vestida peinada   aseada
yo aún rancio   suicida de ensueño
ella me increpa   me visto   cochino
en el coche   Nina Simone   suena
y el parabrisas se empaña
cierro la ventanilla   ella lo exige
cola de seminconscientes   nos miramos
compartiendo un castigo de la vida
entre luces de frenos   y automáticos arranques
llego al trabajo   eternamente frío
la casa del dolor   de la muerte
de la vida de la curación
de lo urgente   nos espera.

CORAZONES SOLITARIOS

Escondido ocupando la oscura
parte de un espacio sin luna,
de luz artificial solo un punto rojo
que ilumina el envío del sonido a mis oídos.
Y ya no es nuestra "nuestra música",
ahora es solo tuya o solo mía o de otros,
que comparten corazones de vino tinto,
a los que le ha vuelto el alma al cuerpo,
para después huir, como nosotros ayer,
en almas en el aire, que se respiran.
¿Cuántas, cuales respiraré hoy?
Pero cada noche robo "nuestra música"
que se asusta, que me evade más que el prozac,
que me acerca a tu lejanía
y es como si estuviera esperando respirarte,
semidormido entre sábanas y lexatín,
                                    me evado
y con el fluir del sonido en arte,
pienso que pujaría por una lágrima de Kurt Cobain,
un bostezo de Bob Dilan, un satisfecho de los Stone,
el aliento de la Callas o una vena de Camarón.

Pujaría en una subasta de corazones solitarios
que añoran lo que quizás no se tuvo,
empapados en alcohol de extravío.
Y quizás hoy llegue el sueño
para morir y resucitar de nuevo.

AQUELLA PRIMAVERA: JUVENTUD

Como no recordarla,
como no imaginarla,
como no revivirla en deseo.
Como no engrosarla
de tal forma que ya
es una mentira y una verdad,
es un verso adolescente exagerado.

Ese mayo de perpendiculares rayos de sol
conocí la naturaleza desnuda,
sentí el esplendor en belleza
en la hierba de un cuerpo,
en un ritual de libertad animal.

Y liberé de solemnidad a la A
enmarcándola en un círculo,
y cambié mis catorce años
en primaveras vividas.

SE TRANSFORMA

Siempre más cerca
de la continua transformación,
de la vuelta a formar
parte del todo.
Puedo imaginarme
que no he sido creado
ni destruido,
estuve, sigo y seguiré
en todas partes,
formando parte de
una esfera.
¿Qué probabilidad
tengo de volver a ser?
¿Una entre un billón
de billones?... Quizá.
Pero ahora toca
transformar de nuevo
continuando el futuro.

TELARAÑA

Busqué tu mirada entre todas
la encontré perdida
huida en obligación de escape
ninguneando mis ojos que
sonríen tristes en lágrima seca
el negado recuerdo doliente y
vuelvo al no soy   al no seré
y sé que tu esfuerzo alojó
mi cómodo ciego reparto de amor
con beneficio en la balanza
a mi favor en la simbiosis parasité
hoy a mi pesar creciendo tu hastío
hasta el golpe final   definitivo
quedando sin donde pisar sin argumentos
ante las agujas del tiempo
que clarividentes argumentaron
bordando a punto de cruz
en mi cóncavo pecho
telaraña de dolor.

SOY LUZ O SOMBRA

Un yo relativo, fiscalizado en qué,
quién y cuándo. Un lastre del debe ser
de estereotipo siempre positivo.
Pero yo yerro, yo peco, yo meo
fuera de la taza.
Yo como, fumo y bebo
lo que no debo.
Soy un cristiano maleducado
que se caga en dios en paradoja,
para intentar algo nuevo
y volver a ser ateo así
desciendo del cielo.
Y me gusta la historia errónea
para no repetir, aunque
tropiezo de nuevo,
y amo como el tonto del pueblo
y juego con fuego.

No quiero ser normal, no puedo,
y me pongo el manto de la anécdota
en pasado como llave
que ya pasada no yerra,

que contada mil veces, pulida
siempre, es nueva pero no
en el debe ser.
Así indeterminado en mi latencia
no quiero ser normal   no puedo.

LA MONTAÑA ROJA (EL MÉDANO)

El viento constante, envolvente
se enrosca, dilata; todo rellena,
todo vacía, y no quiero evitarlo,
y crea música en mi oreja,
suena y siente a oquedad.
¡Joder vuelvo a mi Olimpo, joder!
Mis pasos son polvo, mis huellas de arena
duran a duras penas, esperando otros "yoes"
que filtren fotones de soles y lunas,
llenos de soles nuevos; lunas llenas.
Te veo a lo lejos, montaña de fuego.
Y voy hacia ti; ocre, roja; reposado reptil
dinosaurio durmiente en mi imaginación;
frontera eruptiva entre el mar y la tierra,
refugio de pasión, tanteo, resistencia,
una cara oculta de Pink Floyd,
un rock ácido de Hendrix,
un "the end" de los Doors,
con noches de hogueras, de cuerdas, tambor,

"Lucy in the Sky with Diamonds"
de ojos de vidrio, rojos, dentro y fuera,
de cuerpos desnudos en edad de semidioses,
de sexo lubrico de humedad y arena.

INVIERNO EN LA COSTA

Llueve en la costa,
la sal del mar es menos sal,
el sol del sol es menos sol.
Recorro la playa   vestida la piel
soy un extraño, un extranjero
en el territorio de las normas,
soy un veraneante de invierno,
un punto en un folio en blanco.
Víctima de las miradas curiosas
de los coches que pasan de largo
sin ver una playa, ven frío
en mis pies descalzos
que la arena abriga. No los quema
no los hace huir
en busca de lo húmedo de la sombra.
Sombra es todo   es mar abierto
es peligro   desde la soledad.
Las gaviotas son más,   tienen voz.
En invierno la playa es puerto,
y pienso que el frío me hace pensar,
y pienso en mi madre diciendo –el yodo es bueno–,

y floto en el falso suelo granulado,
y piso en efímera marca que disuelve el mar,
y no pienso en sol, pienso en gris sin horizonte.

CHULETADA

Al mirar hacia arriba y ver el azul
acotado como algo ajeno deseé
fusionarme con la naturaleza tal que
mi carne fuera musgo y liquen,
salpicada de hongos,
mis pelos helechos y mi pene y testículos
estambres y pistilos, autosuficientes.
Tomé una decisión entusiasta
huir de lo urbano, de lo para mí monótono,
del plástico, del hormigón, del alquitrán,
de los desayunos en cafeterías, del humo,
de la contracción de mi tiempo en pasos de cebra,
del terror y desasosiego de la información,
de la mucha masa. De la mierda de la gente.
No, no quería encontrarme a mí mismo,
no creo en tonterías, quería encontrar
la seguridad innata, en fácil interacción,
del "yo" con sus orígenes, que como ser humano
daba por huella primaria latente.

Y me fui con la idea judeocristiana del edén
en la tierra prometida, sí, caí en ese tópico
mágico a mi pesar de ateísmo, hacia la naturaleza.
A respirar sin miedo. A ser un feliz desertor.

ETÉREO

Soy pasado en la memoria,
en un presente continuo.
Soy un relativo futuro.

Soy una idea.
Soy lo que la luz refleja.
Soy tiempo en el espacio y viceversa.

Soy un punto del círculo
de un destruir para construir.

Soy polvo de estrellas,
en efímeros momentos.

Y cuando la vida me mate el ser,
seguiré siendo circunstancia
cuanto lo que el otro quiera.

MEA CULPA

Vértigos que contraen y distienden
mi abdomen   acalambran mi cabeza.
Estar arriba por momentos   vivir abajo
¿fui yo?   No pensé…
tiembla mi realidad,   la otra realidad sigue,
sigue el algodón,   sigue el alcohol,
pero la chispa llegó   se quema
ahora solo cenizas,   ya no me creo y
lo asumo como una mudanza pasajera
hacia el sentido   no común.
El resultado de una   transgresión
a un código   de normas y reglas,
el recordatorio de ser imperfecto
que me expulsa del edén cada vez
y pierdo el equilibrio,   ingrávido
y me odio hacia el castigo   hacia el perdón.

DENTRO, FUERA

Desde fuera soy
aquello que la luz dice que soy,
y si me miro solo veo parte
de lo que la luz quiere que vea, que vean.
Y si miro mi especular reflejo
solo veo haz o envés
perfil A o perfil B
vista caudal o craneal, solo veo.
Desde dentro soy
a veces lo que yo quiero,
a veces lo que otros quieren,
a veces soy el otro que deja de ser el otro.
Y de vez en cuando miro dentro sin mirada,
a ese espacio infinito,
¿dónde está la conciencia?,
y consciente e inconsciente
sé que la pregunta es la respuesta.
Y así desde fuera soy masa,
desde dentro deseo

desde fuera soy partes
desde dentro entero,
en una realidad que emerge
en el acto de medir.

ACTOS

Me tocó ser un mal sueño
que tuve anoche,
y sacudo la cabeza intentando
que no fue, y sentir que en una pena
un mal sueño es como el semen
distraído en una preocupación,
en un proyecto obsesivo,
en el que no se puede rebobinar
intentando que el medio placer
sea placer entero, dilatado, escupido.
Soy un mal sueño que tuve anoche
y sacudo la cabeza y en este plomizo
día me pregunto si sigo
dentro del sueño mientras floto
bajo el quicio de la puerta junto
a mis gafas, mi ropa y desnudo
todos me miran. Y yo me tapo
con mis transparentes manos
y un babero que me llega hasta
los testículos.

Seré un mal sueño que tuve
anoche y sacudo mi cabeza,
y no quiero saber si estoy despierto,
mientras camino por la calle.

BYPASS

Escuché en su mirada el miedo
cuando pasó
delante de mi coche por el paso de cebra.
Su andar pausado gritaba desesperación,
sombra de sombra gracias
a un sol que no era de él,
que calentaba su betún goma
mientras saboreaba la nostalgia
de la añoranza en su móvil,
sintiendo el tacto de las palabras
de suaves terciopelos desde su sangre.
De un futuro por llegar
con cantos y bailes de hematomas,
en un mundo que no es de él,
ya que el suyo agoniza entre
tradición y engaño,
en cada día una lucha
con la meta de llegar a sentir
que el mañana estará.
Escuché en su mirada el mar
de sus acuosos ojos de sal el sabor,

y se perdió entre más sombras betún goma
como maniquís mal vestidos que
deambulan en *bypass*,
como extraños en el absurdo
de los no lugares
sabiendo que otro día vendrá,
pero puede no ser igual que hoy.

MI UTOPÍA

Este no es mi mundo,
en este me siento desterrado,
en este, nuevo de viejo, se vuelve
a equivocar la paloma
creyendo el cielo mar,
creyendo que el olvido mitifica
el hedor a gris lúgubre,
a habitación cerrada, a oscuridad
profunda entre puertas airosas
de miradas a un sol de quimeras,
de propagandas grandiosas
de mentiras contrachapadas,
envueltas en la comodidad en un "es así
no hay más", apagando voluntades
con hogueras de rebaños.
Y en un ilusorio imaginario
citando la libertad en unególatra
"hago lo que quiero", llamando dictadura
a los límites del bien común del otro,
cambiando el mármol de las columnas

de la empatía en arenisca de desiertos subterráneos
a los que la corrupción carmesí disuelve,
obligando a renovar en un intento
frenético de mantener un techo falso.
Y en este que no es mi mundo
mi techo se mantiene lejos de esos techos
con mis columnas que siguen,
algunas veces a mi pesar, pero
siempre a mi complacencia
obligándome a pensar, a dudar
alejándome de la comodidad
de lo impuesto como dogma,
de lo fácil.
Mis columnas   mis utopías.

Índice